JN437380

모든 사람은 고통이 있어

모든 사람은 고통이 있어

초판 1쇄 인쇄 2018년 4월 15일
초판 1쇄 발행 2018년 4월 20일

지은이 정수민
펴낸이 金泰奉
펴낸곳 도서출판 띠앗
등록 제4-414호

편집 박창서 김수정
마케팅 김명준
홍보 김태일

주소 05044 서울시 광진구 아차산로413
(구의동 243-22)
전화 02)454-0492(代)
팩스 02)454-0493
이메일 ddiat@ddiat.co.kr
홈페이지 www.ddiat.co.kr

값 7,000원
ISBN 978-89-5854-117-2 (03810)

* 잘못 만들어진 책은 구입하신 서점에서 바꿔드립니다.

모든 사람은 고통이 있어

정수민 지음

| 머 리 말 |

필자는 필자가 학창시절에 겪은 경험들 수녀들의
성소 모임에서 모두가 고민을 말하는 걸 보고
모든 사람에게 고통이 있다는 확신을 느낀 후
나의 체험을 통해 세상 모든 왕따, 범죄가 없어지길
바라는 마음에서 이 책을 쓴다.

1

정수민 놀-자

나는 본디 초등학교 시절 노는 아이들과 노는 아이였다. 한 친구는 내게 메일을 써서 나와 놀고 싶다고 할 정도였다. 한번은 다른 학교와 싸움이 붙었는데 청소를 하고 있는 나에게 창문에서 친구들의 소리가 들려왔다. 정수민 나와라 -! 논다는 건 즐거운 환상이었으며 내겐 모든 것이 즐거웠다. 모든 것이 안전했다.

한 아이의 일기

초등학교 시절 우리 반에 왕따가 한 명 있었는데 그 아이가 일기를 썼다. 내가 그 아이를 너무 왕따 시킨다는 것이다. 그 일로 학교에 남았다.

뉴질랜드로의 이민

나는 초등학교 4학년 때 뉴질랜드에서의 여행을 했는데 무척 맘에 드는 도시였고 가면 지금보다 행복할 것이라 예상했다. 예상은 틀렸다. 첫날부터 우리가 신청한 tv도 배달이 되지 않고 예감이 좋지 않았다. 학교 가서 결국 터졌다. 말이 안 통하는 내게 어울리는 친구들이 없었던 것이다. 소위 말하는 왕따가 되었다.

스시

뉴질랜드 친구들은 김밥을 스시라고 부른다. 엄연히 일본의 것과는 다른 김밥인데 일본식 스시집이 많아 그렇게 부른다. 한국에서 한번도 요리를 해본 적이 없는 아빠는 김밥을 잘 말아줬는데 뉴질랜드 친구들이 맛있는 김밥만 뺏어먹고 나랑 놀아주지 않는 것이었다.

중국인 친구

우리 반에는 중국인 친구가 두 명 있었다. 그중 한 명이
내게 호기심을 가지고 장난을 걸어주기도 하였다.
하지만 의사소통의 벽이 심해서 나랑 자주
놀아주지 않았다.

아빠, 한국 보내줘

난 근 1년 동안 뉴질랜드에서의 왕따 생활을 참을 수 없었다. 결국 한국행이 맞는 일이라고 생각했고 아빠는 이 소원을 들어주지 않았다. 그 후 2년 동안 지내고 한국으로 돌아왔다.

한국에서의 학창생활

한국에서의 학창시절은 나에게 꿈이었다. 하지만, 빛이 있듯 그림자 또한 있었다. 소위 학교폭력이라는 것이 아직도 남아 있는 것이었다. 한 친구는 우리 반에까지 놀러와 한 아이에게 바지를 벗으라고 하는 바람에 강전을 가는 사건이 있었다. 어떤 아이는 안경을 끼고 "찐따"라고 불리는 아이였는데 학교에서 노는 아이들이 그 아이에게 빵 심부름을 시키기까지 했다. 왕따 경험을 한 나로선 보기가 너무 힘들었다.

누구나 감정이 있다

사람들은 누구나 고통을 숨긴다. 항상 웃어야 되고 감정을 숨기는 일은 누구에게나 할당된 일이다. 그래서 모르는 것일지도 모른다. 우리 모두가 고통이 있단 사실을.

성소 모임에서의 경험

필자는 성당 다니던 시절에 수녀가 되고자 성소 모임에 들어간 적이 있는데 그때까지 나의 고민은 우리 모두가 고통이 있을까? 였다. 그 고민이 해결되었다. 성소 모임에서의 언니들은 자신들의 고통을 하나같이 얘기하는 것이었다. 누구나 고통이 있다면 싸울 필요도 없고 서로가 공감하지 않을까? 사람은 누구나 악하지 않다. 상대방이 괴롭다는 걸 아는 이상 누가 누굴 괴롭힐까.

잘났고 못남?

사람들은 삶의 의미에서 내가 잘나 보이나 못나 보이나를 찾는다. 사람마다 인정받고 싶은 욕구가 있기 때문이다. 하나님 아래서 모두가 동등하고 축복된 존재이다. 남을 깔아뭉개며 자신이 잘나 보이고 싶다면 그만둬라.

파랑새의 학교

내가 성인이 된 후 파랑새의 학교라는 sbs 다큐가 있었다. 학교폭력에 관한 내용이었는데 당시에도 나의 지대한 관심이었다. 가해자와 피해자가 각 학교에서 모여 합숙을 하는 내용이었는데 각자의 역할을 바꿔 시험하는 내용이 있었다. 선생님이 가해자에게 호통을 지르자 가해자 아이가 울며 상대가 이렇게 고통스러운지 몰랐다고 했다. 누구나 느끼는 게 사람이구나.. 느꼈다. 모두가 바뀌면 얼마나 좋을까?

강아지도 감정이 있어

나는 고1 때 강아지를 키웠는데 그때까지 강아지도 감정이 있는 줄 몰랐다. 헌데 강아지를 잘 키우고 싶어 강아지 까페도 가입하고 글도 찾아보게 되었다. 강아지도 눈물을 흘리고 혼내면 화나고 감정이 있다는 것이다. 벌을 주지 않고 훈육을 하란 글도 읽었다. 결과는 사실이었다. 사람은 어떨까? 사람도 똑같다. 어른도 똑같다. 어른도 훈육을 해줘야 할 것이다. 벌을 주는 대신에-

노약자

노약자들은 상대적 약자이다. 그들은 왜 그렇게 되었을까? 프란체스코 교황님은 그들에게 동정 어린 시선을 보내기보다는 다가가 손을 잡아주라 말씀하셨다. 실질적으로 그들이 바라는 건.. 사랑이 아닐까?

누구나 사랑받아야 돼

누구나 기쁨은 있다. 누구나 아픔도 있다. 사랑은 가장 큰 감정이다. 누구나 감정을 노나줄 수 있다면 사랑을 나눠주는 것이 최고의 선택일 것이다.

나의 바람,
지금의 벌은 너무 강해

요즘 최순실 게이트로 이슈다. 우린 너무 큰 벌을 바라는 것 같다. 그가 25년 형고를 받았을 때 나는 눈물이 났다. 최순실의 팬이어서가 아니라 그 형량이 너무 길어서다. 죄의 본보기를 삼는 건 좋지만 하나님은 그것보다 그에게 사랑을 주길 바라지 않을까-? 그것이 범죄에 대한 축소가 되지 않을까.

칭찬은 누구나 받고 싶어 해

칭찬은 누구나 받고 싶어 칭찬받는 일에 익숙한 자조차도 칭찬받는 일은 너무 즐거운 일일 것이다. 꼭 잘나야지만 칭찬을 해야지 돼? 못난 것이라도 칭찬해 주자. 내가 못난 건 알고 있다구-

모두가 대단해!

넌 대단한 아이야! 한국이 지금껏 발전하는덴 우리 모두의 힘이 있었고 기술 면에서 더불어 사회 복지 면에서도 큰 성공을 거두었다. 지금보다 더 큰 바람은 서로가 사랑하는 것.. 하나님의 바람이 아닐까?

가축들

가축들도 사랑받고 싶어 한다. "날 먹지 말아달라구–"
가축들도 아이큐가 있고 사랑하는 감정이 있다.
언젠가는 vegan(채식주의자)이 세상의 대부분을 차지할
날이 오지 않을까?

천국은 있다

내게 언니가 건네준 책이 있다. "스베덴보리의 위대한 선물" 그 책엔 천국에 대한 내용이 소상히 나오는데 내게 큰 위로가 된 책이다. 천국이 실제로 있다면 우리 모두 화해하고 화합하는 데 앞장서야 할 것이다.

연애 경험

나도 잘생기고 멋진 애를 좋아한 적이 있다. 그 아이를 사귀고 싶은데 내가 초라해 보였다. 사귀고 싶은 모든 앤 다 사귀는 그는 얼마나 좋을까?

이기적

이기적인 것은 한 사회를 살아가면서 큰 메리트가 되기도 한다. 그치만 그게 남의 기분을 해친다면 그건 실수야-!

물질보다 기분이 더 좋은 게 좋아

가끔 노숙자나 못난 사람을 나와 비교해 본다. 그들의 웃는 모습을 본다. 소주 한 병을 까며, 웃으며 얘기하는 노숙자들을 보며 난 가슴이 따뜻해진다. 물질적인 것보다 기분이 좋은 거야말로 살아가는 데 큰 의미가 아닐까?

질투심

한 사회를 살아가면서 남보다 잘난 건 큰 메리트이다.
그로 인해 질투심도 생기는데 너 우리 똑같이 감정을
느끼는 걸 아니?

인간은 고

인간은 고통의 생명이다. 고통으로 인해 온갖 범죄가
태어났다고 해도 과언이 아니다. 고통의 굴레에서
조금이라도 빠져나오기 위해선 지금보다 사랑하는 삶,
하나님께서 바라는 삶이 아닐까 싶다.

악당이 좋아

섹시 가이란 말이 있다. 나쁜 짓을 해도 못된 면이 섹시해 보이는 경우이다. 흔히 나쁜 남자가 인기 있는 경우가 흔한데 진정한 사랑이 결국은 승리하지 않을까-

평화

대학교 시절에 이슬람 무장국가의 살해 장면을 담은 동영상을 친구가 보여준 적이 있다. 이런 일은 왜 생기는 걸까? 불신, 사랑 없음으로 생기는 일이 아닐까? 고대시대부터 이어진 살해, 범죄행위는 이제 끊어져야 한다.

나도 예뻐

외모지상주의다. 외모지상주의란 만화도 있듯이 한 때부터 성형수술은 큰 인기를 누린다. 너의 본연의 모습을 사랑하자.

폭력은 싫어요

아직 전통사회에서 벗어나지 못한 사람들이 많다. 폭력은 사랑의 매이며 훈육을 위해 자기 자식을 때리는 경우도 아직 많다. 물도 고마워, 사랑해 하면 더 잘 자라듯이 진정한 사랑의 훈육을 실천하자.

왕따는 놀림감이 아니야

할리우드 스타들의 왕따 고백이 꽤나 많다. 멋지고 잘생긴 사람들도 그런 경험이 있을 수 있단 뜻이다. 누구나 하나님 아래 공평하고 누구나 하나님 앞에서는 귀하다. 왕따는 남 얘기가 아니다.

악인은 없다

범죄행위가 뉴스에서는 언제나 판을 친다. 악인이 세상에 이렇게 많을까? 문제는 사랑 없음에서 비롯된다. 어린 시절부터 사랑을 겪지 않음에서 비롯된 것이다. 연쇄살인마 x파일이란 책이 유영철 이후로 베스트셀러가 된 적이 있다. 한 연쇄살인마는 자신을 처음으로 따뜻하게 대해 준 감옥관리자 때문에 갱생이 되기도 했다. 사랑은 그만큼 위대하다.

우린 할 수 있어!

지금껏 우린 많은 발전을 해왔다. 민주주의의 도래와 사회 복지의 성립, 생물에 대한 인식 변화. 마지막으로 우린 사랑의 시대의 도립을 원한다. 예수 재림이 얼마 안 남았듯이 우리의 마지막 과제는 모든 사람들이 천국에 갈 수 있도록 서로 사랑하는 세상을 만들어 하나님을 기쁘게 하는 것이다.

어른도 사람이야

강아지와 유아가 약자로 평가되며 많은 복지가 이루어진 지금, 어른에 대한 위로도 시급하다. 모두가 힘들어, 우리도 위로해 주세요, 힘들게 일한 우리, 서로에게 위로의 한마디를 권하자.

모든 생물은 고통이 있다

고통은 누구나 있다. 참새도, 오소리도, 개구리도 모두가 고통 아래선 평등하다. 내가 마음이 우울할 때 누구나 고통이 있단 사실은 도움이 됐다. 모든 만물은 평등하단 사실도 하나님이 일깨워주셨다. 너도 힘드니? 나도 힘들어 서로 힘이 되어주자. 하물며 약자든, 인간보다 약한 생물이든.

노숙자들을 씻겨주는 건 어때?

나 혼자서는 하지 못할 일이 많다. 서로의 인식을 합해지면 가능해지지 않을까? 더럽다고 피하지 않고 오히려 노숙자들을 정당한 사람으로 봐주고 씻어드리는 건 어때? 난 지금 진지해-

왕따랑 같이 노는 게 뭐 어때?

그들은 잘못한 게 아니라 약한 것뿐이다. 약한 게 잘못된 게 될 때가 있는데 그건 잘못된 처사이다. 누구나 힘으로 약해질 수도 있고 그럴 때도 있다. 같이 놀다 보면 똑같은 사랑을 느끼는 사람인 걸 알게 될걸.

노숙자들에게 비틀즈를 줘봐요

왜 하필 비틀즈인가? 귀엽고 조그맣고 힘이 될 수 있다고 생각한다. 그들에게 동정의 한 푼보다 더 사랑의 메시지가 전해질 것이라 생각한다..

나도 vegan이?

세상엔 단백질로 만든 vegan용 고기도 많고 최고의 스타 이효리도 유명한 vegan이다. 아직은 무리일까?

하나님은 우리에게 자유 의지를 주셨다

스베덴보리에 의하면 하나님은 우리를 하나님과 똑같은 형상으로 만드셨지만 자유 의지를 주신 건 우리가 똑같으면 그저 하나님을 따라하는 로봇이 되기 때문이라 한다. 곧 지옥은 없어질 수도 있으며 자유 의지를 선하게 취할 때 그것이 가능해진다는 것이다. 하나님이 우리를 사랑해 자유 의지를 주셨듯이 우리도 그에 상응한 사랑으로 보답해야 되지 않을까?

더러운 것도 생명이다

우린 더러운 것을 기피한다. 파리, 비둘기, 이런 것들을 누가 사랑하랴 싶다. 그치만 고통 아래서 모두는 같은 생명체다. 내가 느낄 고통을 이같이 더러운 생명도 느낄 것을 감안하면 이들도 관심을 가져줘보는 것도 큰 성과가 아닐까.

조금만 기다려줘-

흔히 왕따 유형 중에 답답한 아이가 있다. 이들이 왕따를 당하는 이유는 느리고 답답해서이다. 느린 건 짜증이 날 수 있지만 그 아이에 입장에선 억울하다. 빠른 건 좋은 것이지만 "그건 나도 안다구-"

예쁜 아이

왕따 유형 중에 예뻐서 왕따 당하는 경우가 있다. 남들보다 잘나서, 튀어서 왕따를 당하는 이유다. 왕따는 우리 주위에 너무도 흔하며 굳이 왕따 시키는 아이들이 잘났다고는 생각하기 어려운 예이다.

잘난 척하는 아이

잘난 척을 하는 왕따 유형도 있는데 필자가 초등학교 때 왕따 시켰던 유형이다. 넌 뭐 그리 잘났었니? 그 아이가 지금 나에게 묻지 않을까.

찌질이

못생기고 찌질이 같은 아이가 왕따를 당하는 경우인데 가장 흔한 경우이다. 그 아이들도 가슴 아픈 인간이야. 한 동족이라구―

엇비슷한 애들

•

누구나 나와 닮은 사람이 좋고 말이 통하는 사람이 좋다. 그로 인해 외딴 기분을 느끼는 애들이 있는데 조금만 더 손을 뻗어보면 그들도 나랑 닮은 점이 있다. 모두가 함께 하면 어떻겠니?..

재미가 좋아

재미만 추구하는 사람이 있다. 재미는 즐겁고 우리가 추구하는 감정이다. 헌데 재미만 추구한다면 남들 괴롭히는 것도 재미고 그로 인해 잘나 보이는 것 또한 재미다. 재미만 추구하다가는 한 사람의 존엄성을 해치기까지 한다.
서로가 즐길 수 있기를 바란다.

내가 너보다 위야

흔히 일진 중에 서로의 우위를 가리는 경우가 많다. 이는 가슴 아픈 일이기도 하다. 누구나 부러움이란 감정을 가지고 있으며 이를 가리면서 충동적인 감정도 생기게 된다. 그 아일 이기고 싶은 것이다. 강자와 약자의 싸움에서 누군들 강자가 되고 싶지 않을까-?

내 편이 느는 것뿐이야

누군가를 사랑하는 범위를 넓히면 그것이 더 인기 많아지는 비결일 것이다.
싸우고 누군갈 짓밟는 것보다 그이에게 사랑을 주는 것이 어떨까-

나도 예뻐질 수 있어

흔히 안 꾸미는 애들이 있다. 그 친구들이 더 예쁘게 바뀌는 것도 나쁘지 않은 생각이다. 조금만 더 남들이 날 사랑할 수 있는 방법으로 바꾼다면 자존감도, 남으로 인한 사랑도 얻을 수 있다.

나도 사랑할 수 있어–!

나를 나약한 존재로 바라보지 않고 내가 먼저 좋은 뜻을 가지고 상대방에게 다가가면 큰 결실을 맺게 될 것이다. 용기를 내자구–!

누군가로부터 사랑받는다는 것

누군가로부터 사랑받는다는 건 최고의 감정이며 서로의 감정이 모여 큰 세상을 이룬다. 사랑의 실천은 천국으로 가는 지름길–

체벌

체벌은 좋지 않다. 반감을 살 수도 있고 문제아에게 좋은 영향도 미치지 못한다. 좋은 훈육만이 바른 길로 양성하는 데 큰 힘일 것이며 교육일 것이다.

무서움

누구나 무서움이란 감정은 갖고 있으며 나를 갉아먹는 족쇄다. 누구나 무서움을 갖고 있단 공감대가 있다면 무서움은 덜해질 것이다.

누구나가 잘난 사람

누구나 잘난 사람이다. 시간만 주어진다면 누구나 바뀔 수 있다. 남을 욕하고 탓할 바에 도와주는 것이 선행이다. 왕따를 욕할 바에 놀아주는 것이 선행이다.

강한 것이 잘난 것이 아니다

강한 것에 대한 너무 큰 선망이 있다. 강한 것은 남을 짓누를 수도 있으며 악행이 될 수도 있다. 사랑이 가장 강한 것이 된다.

살아 있는 것 자체가 기적

인고의 시간 속에 사는 우리는 모두 살아 있는 것 자체가 기적이다. 서로를 위로해 주자~

각자가 다를 뿐, 틀린 게 아니잖아

각자 생김새도 다르고 재능도 다르고 달란트가 다르다. 혹시 알아, 그 사람이 내 것보다 더 잘난걸, 더 잘난 재능을 가지고 있을지..

왜 약한 사람이 있나요?

왜 세상은 불공평해 보이고 왜 약한 사람이 있고 우리의 악행을 부추길까. 나의 답은 '순전히 운이다'라는 것이다. 우리가 잘나서가 아니라 운으로 그렇게 된 것뿐이며 누구나 시간만 주어지면 잘나질 수 있다는 게 나의 답이다.

사회 민주주의

사회주의의 처음 의미는 누구나 공감할 만한 것이다. 함께 잘살자는 것이다. 우리는 민주주의의 큰 성과를 얻었으며 그 의미는 크다. 하지만 경쟁 사회에서 낙오된 자들은 노숙자가 되었으며 강자와 약자가 나뉘어지게 됐다. 많은 발전을 이룬 현재 이 시점에서 더 발전을 원한다면 모두가 더 잘난 세상 모두가 사랑하는 세상을 만드는 것이다.

난 그렇게 할 수 없어

안 하는 게 아니라 못하는 거다. 그렇게 할 수 없는 친구에게 못되지 말자.
기다려주자.

비웃음

남을 비웃는 건 즐겁다. 하지만 함께하는 즐거움은 더 크다.

사우디아라비아

2030년까지 사우디아라비아에 영화관이 300개가 생긴다. 현재부터 말이다. 이슬람 국가가 온건국가로 돌아섰다는 건 천만 다행스러운 일이다. 우리도 희망으로부터의 여정을 함께 시작하자! 서로에게 사랑을!

잘난 사람에게만 예우를 갖추지 말게

잘난 사람에게 공손히 구는 것은 좋은 일이다. 스포츠 스타나 유명한 시인, 대단한 위인에게 공손히 구는 것은 당연지사이다. 그치만 우린 우리보다 못난 사람한테 너무도 무례하게 군다. 그 사랑과 존경을 좀만 나눠보자구.

모두에게 사랑과 온정을-!

약자와 노숙자에게 연탄을 주며 사랑과 온정을 나누듯이
우리 모두가 서로서로에게 사랑과 온정을 나누어줘
보자.

용서

용서란 큰 사랑의 감정이다. 복수나 화란 감정에
얽매이는 것보단 서로가 서로에게 용서를 실천하자.

상대는 큰 거울이다

상대는 내가 하기 나름이다. 먼저 눈짓과 웃음으로-
사랑으로 대해 보자.
반드시 그에 상응하는 보답을 해줄 것이다.

작은 실천

작은 실천이 큰 선행을 거둔다. 아직은 아냐..란 생각을
거두고 서로에게 사랑을 실천해 보자.

모욕

누구나 모욕을 들으면 참을 수 없어 하고 용서하지 못한다. 누구나 듣기 싫어하는 걸 남에게 쉽게 내뱉지 말자.

이타심

이타심은 사랑의 최고봉이다. 남을 위해 나를 내어주는 이타심은 예수님의 사랑의 실천이다.

사랑은 감미로워

지금껏 나는 사랑으로부터의 실천을 누차 말했다.
사랑과 선을 실행하는 것, 21세기를 살아가는 우리
모두의 실천이길 바라본다.

마음이 요동을 친다

마음이 요동을 친다..라는 말이 맞는 말인 것이다.
그만큼 고통의 무게는 크고 힘들다.

아픈 우릴 해지지 마요

지금껏 강아지와 짐승들에 대한 처우가 나아지긴 했다. 하지만 아직 멀었다. 남아 있는 아이들에 대한 사랑을 끝까지 실천하자.

보호에서 자립까지

우리는 약자를 보호해야 한다. 끝으로 그들의 자립을 도와야 한다. 일을 할 수 있는 건 큰 축복이며 우리 모두 사회에 이바지할 수 있게 될 것이다.

외로움

우리 모두 함께하고자 하는 욕구가 있다.
누군가를 따돌리고 멀리한다는 건 고통을 주는 일이다.
누구든 먼저 내밀 수 있는 손이 있지 않은가.

악한 사람도 선한 감정이 있다

사람은 태어나면서부터 선한 감정이 있다.
악한 감정은 타인이 잘못했다는 생각에서부터 나오며
우리 모두 고통이 있다.

위대한 일

우리 모두 누구나 위대한 일을 할 수 있다.

노숙자, 정신병자, 왕따도..

노숙자든 정신병자든 왕따던 모두 감정이 있는 인간이다. 우리보다 못하건 아니건 고통이 있는 한 한 인간이다.

위대한 일을 보았다

난 가끔씩 위대한 일을 보곤 한다. 추운데 쓰러진 노인을 도와준 중1짜리 소년들의 뉴스나 할머니의 짐을 들어주는 소년, 길 가는 맹인의 팔짱을 끼고 길을 도와주는 한 아주머니나 우리 주위에도 선의 실천은 많다. 더 많아졌으면 하는 게 나의 바람이다.

차별

누구나 더 잘나고 멋진 애한테 잘 보이고 싶고 차별하고 싶은 마음이 있다. 차별 또한 별반 다를 바 없는 악한 감정이다.

무감정

우리는 가끔 무감정으로 사람을 대할 때가 있는데 이는 방목, 악한 일로부터의 방관으로도 이어진다. 선한 관심을 갖자.

우리 조금만 참고 살아요!

누구나 참을 수 있고 참을 수 있는 능력이 있다. 참을 인 석자라고 참을 수 있는데 참지 아니할 이유가 뭐가 있겠는가.

예쁜 사람만 예뻐해 주지 마세요

우린 예쁜 사람만 사랑하고 못난 사람을 멀리하는 경향이 있다. 다 내면과 속을 보면 잘난 사람인데 너무 차별하는 경우가 있다. 차별하지 말자.

비난

누구나 비난 들어주기를 싫어하며 효과를 거두는 경우가 없다.

모든 상처를 하나님께

하나님은 화풀이 상대다. 하나님께 모든 짐을 풀어놓아도 좋다.

대화

잘잘못을 따지기보단 대화를 실천하자. 대화는 마음을 녹인다.

돈보다 감정이 더 중요해-

100억을 버는 사람이 있더라도 감정이 행복하지 않으면 불행한 사람이다.

고통 나눔

고통을 나눈다면 나누기가 되지 않을까?

함께해요

고통을 함께한다면 고통이 소멸되지 않을까?

손잡아주기, 포옹하기

손을 잡거나 포옹하는 스킨십은 사랑의 행위이며 고통을 녹인다.

한 계단 한 계단씩

너무 무리하지 않아도 좋아. 한 계단, 한 계단씩이면 돼.

범죄자

범죄자에 형벌보단 따뜻한 교화를 원한다.
Youtube를 검색하다 보면 호텔 빰치는 살기 좋은
감옥들이 나온다.
한 감옥은 죄수자들에게 감옥 운영을 맡기기도 한다.
따뜻함으로 죄악을 녹이는 사례이자 좋은 본보기라
생각한다.

unpunishment

벌받는 건 원하지 않아요 대신 교화를 원해요. 엄중한 형벌보다 사랑과 따뜻함으로 죄를 녹이길 바란다.

이젠 물질로 채워지는 세상을 넘어 감정으로 채워지는 세상을 원해요-!

물질로 채워지는 시대는 이미 활성화가 됐다. 잘하고 있는 일이고 거룩한 일이다. 더 나아가 감정적으로도 약자를 돌보는 시대가 도래한다면 하는 바람.

수치심

남에게 수치심을 주는 일은 죄악이다. 누구나 수치심이 있다.

수치심은 누구나 겪고 싶지 않다.

천국 가고 싶어요!

모두가 이해하는 세상이 온다면 천국을 미리 봤다고 할 수 있을 것이다.

모두에게 양심이 있다

어느 책에선가 "everybody has conscience"라는 문구를 보았다. 누구나 양심이 있다는 것이다. 누구나 고통이 있단 걸 안다면 무인계산대처럼 범죄 없는 세상이 가능하지 않을까.

열등감

누구나 열등감을 가지고 있다. 바보, 못난이에게도 사랑을—

행복

누구나 행복하길 바란다. 인생은 행복과 고통의 연속이다. 남을 돕는 일이 크게 보았을 때 더 큰 행복이다.

이익 추구

계속 말해 왔듯 감정은 물질을 이긴다.

친구를 사귈 때에도 우리는 이익을 따진다. 어떤 이익을 주어도 행복하지 않으면 살 수 없듯이 서로의 가치를 재기보다 기분이 낮아도 사랑하는 일이 우선돼야겠다.

모피 반대

우리는 모든 악에서부터 멀어져야 한다.

고통

고통스러울 때 우리는 나만 고통스러워할 거란 착각에 빠지는데 누구나 고통스럽다. 그것만으로도 큰 위로가 될 것이다.

2

콰–당

누구나 넘어질 수 있다. 완벽해야지만 사람일까? 나 자신에게 관대해져 봐. 100번도 좋아. 1000번도 좋아.

성폭행

자신이 못난 건 생각지 못하고 여성이 자신을 싫어한다고 여성을 성폭행하고 찌르는 살인 사건이 일어났다. 이 사람의 죄는 무엇일까? 자신을 사랑하지 못해서 아닐까?

살인자들도 교화돼요

지존파 살인 사건이 일어났다. 그들은 교화가 되고 크리스천이 되어 형장의 이슬이 되어 사라졌다. 좋은 건 누구나 감화시키기 때문 아닐까?

고양이 똥

어릴 적 고양이 똥녀 사건이 생각난다.
한 언니가 친구에게 쇠파이프로 때리고 고양이 똥을 먹인 사건이었다. 인간이 어떻게 그런 실수를 저지를 수 있을까..
범죄에 치료는 필요하다. 치료는 분명 필요하다.

빵돌이도 느끼거든-?

필자는 고등학교 때 빵돌이가 있는 경험을 했다고 했다. 학교 폭력 단속 기간에 그 아이는 글을 제출한 바 있는데 '심각한 수치심'을 느꼈다고 했다. 설마 저 아이들도 느낄까.. 당연 대답은 "Yes"였다.

쉬고 싶다

백화점 알바를 할 때 야근이 힘들었던 기억이 있는데
우린 너무 많이 일해-
선진국이 부러운 실정이다.

크리스천만 천국에 가나요?

답은 아니다. 스베덴보리가 그랬다. 선한 사람만 가는 천국에 하나님을 모르는데도 선한 사람은 갈 수 있다.

자존심

사람은 누구나 자존심이 있다. 강해 보이는데도 자존심 때문에 상처받는 경우가 많다. 자존심이 깨지지 않게 도와줘.

유리멘탈

흔히 상처 잘 받고 소심한 아이를 유리멘탈이라 한다. 사람마다 다뤄줘야 되는 부분이 다르다고 생각한다.

자존감

자존감에 대해 다루는 책들이 많아졌다.
다행이다-

자기 효능감

자기 효능감이 높은 아이들을 부러워한 적이 있다.

장애우

뉴질랜드 유학시절 휠체어를 탄 장애우를 도와주는 학생들을 보고 감명받은 적이 있다. 선진 문물은 본받아야겠다.

너무 마음이 고통스러-

사도 바울은 하나님이 겪을 수 있는 고통만 주신다고 했다. 내가 겪은 바도 그렇다. 조금만 지나면 다시 행복이 찾아오곤 했다. 조금만 기다려줘. 자살은 이르다구.

문제아들

문제아들은 왜 생기는 걸까? 학창시절에 아이들을 그렇게 괴롭히고도 잘 사는 걸 보면 얄밉기까지 한다. 하나님은 그들의 행위도 다 알고 심판하신다.

내 얘길 들어주세요

얘기를 들어주는 친구는 고마운 친구다.

질서의식

일본에 가면 질서의식이 월등히 뛰어난 걸 볼 수 있다. 질서정연히 줄을 서서 기다리는 모습을 보면 존경심이 생긴다.

ugly 코리아에서 평창 코리아로

우리의 질서의식은 많은 발전을 거뒀다.

나 힘세지-?

남자들의 허세는 간혹 폭력 범죄를 일으키고 싸움을 일으킨다.

착한 것도 메리트

못되고 이기적인 게 메리트가 있는 세상이다. 너무 착하면 바보 같아 보이기도 한다. 너의 마음이 힘들 때 바보같이 기다려줄게. 그들은 말하는 듯하다.

창작

사람이라면 누구나 대단한 면이 있다.
용기를 내서 무언갈 내어보는 건 좋은 용기다.

용서 2

용서를 구했는데 안 받아주는 경우가 있다. 용서를 구한
그 용기를 높이 사주길.

직업엔 귀천이 없다

조선시대가 아닌데 어떤 일을 하더라도 그 일은
위대하다.

친구

친구는 내 영혼의 즐거움이요 기쁨이다.
너희 모두를 가진 나는 행운아야~!

이타심 2

세상을 변화시킬 수 있는 멋진 감정-!
'나'를 사랑하는 만큼 남을 사랑한다면?
정말 사랑의 시대가 도립할 것이다.

잔인한 tv물

필자는 잔인한 걸 못 본다. 잔인한 tv물은 안 좋은 영향을 끼친다는 연구 결과도 많다.

고양이에게 중성화를

과천시는 길고양이들에게 무료로 중성화를 해주고 있다. 번식력이 빠른 고양이들을 위한 처사다. 전국으로 퍼져나가는 현상이 일어났으면...

취미

어떤 취미든 스트레스를 조절해 주는데 힘을 줄 것이다.

자랑스러운 한국인

우린 지금까지 많은 성과를 이뤄내왔다.
한국 전쟁 이후 70여 년의 성과가 그렇다.

북한

고모부 장성택과 자신의 이복형제까지 죽이는 김정은의 잔인한 마음, 같은 민족인데 이토록 달라지다니..
이런 잔인한 김정은도 자기 여동생과 요리사에겐 사랑을 베풀었다.
누구나 사랑하는 마음이 있음이다.

위로

선뜻 건넨 위로가 나에겐 말로 형언할 수 없는 고마움을
느끼게 해준다.

회사에서도 왕따가-?

어른이 된 회사생활에서도 왕따가 생기기도 한다.
철없는 어른이 되지 말자.

No 답

답이 없어 보이는 애들이 있다. 말이 전혀 통하지 않을 것처럼.
이들도 위로가 필요하다.

자랑스러운 한국인 2

우리나라의 시민 의식 중에 커피숍에 노트북을 자리에 놔두고 화장실에 가도 아무도 훔치지 않는 시민 의식이 있다. 치안이 좋은 나라이다.

포기

포기하긴 이르다. 켄터키후라이드 치킨 KFC의 CEO도
2천 번이 넘는 시행착오가 있었다.

노래

좋은 노래는 내 영혼에 영감과 휴식을 준다.
노래를 흥얼거릴 때 스트레스 해소가 되는 기분이다.

남의 자식도 소중해요

내 자식만 예뻐하는 경우가 있다.
남의 자식도 소중한 생명이다.
보다 보면 누구나 예쁜 각각의 인격임을 알 수 있다.

비열함

자신이 어려워질 처지에 놓이면 비열해지는 사람이 있다. 상황은 그로 인해 더 악화된다.

후세에 더 좋은 세상을-

후세에 더 좋은 세상을 물려주기 위해선 약간의 희생이 필요하다.

친절함

한국 사람들의 친절함과 서비스는 위대하다.

아플 때 쉴 수 있는 뉴질랜드

한국에선 결석을 하지 않기 위해 아파도 학교에 나가는 경우가 많다.
뉴질랜드는 조금만 아파도 학교를 쉰다. 빨리 나아서 학업생활에 더 지장을 주지 않기 위함이다.

시

시를 읽으면 마음이 평화로워진다.
좋은 책은 마음의 양식이다.

선한 사람들

지금껏 선한 사람들이 이뤄낸 업적은 크다.

사우디아라비아의 히잡

아직 전 세계는 발전해야 할 나라들이 많다.
사우디아라비아에선 아직 여성들의 히잡을 없애는 운동이 한창이다. 같은 아랍 국가들과 더불어 아직 전 세계에는 발전해야 할 나라들이 많다.

네 왼뺨을 맞으면 오른편 뺨을 대라?

바보로 만드는 구절이라 생각했는데 그 뜻은 선함으로 악한 자를 교화시키라는 뜻 같다.

스위스 체제

세금을 60%를 내는 스위스의 정치체제는 평등함과 존경을 자아낸다.

페미니즘

옳은 페미니즘은 위대하고 우리 모두의 어머니인 여성은 위대하다.

소신 있게 말하자

우린 다른 사람의 잣대에 내 자신을 너무 맞출 경우가 있다. 소신 있게 말하는 것이 서로가 행복한 경우다.

보람

땀을 흘리고 사람들과 마주하며 하는 노동은 값지며 우릴
보람 있게 한다.
모든 사람에게 일하는 보람을-!

아프리카TV

아프리카 물 부족 국가에 우물을 만들어주는 프로그램을
본 적이 있다.
사막의 오아시스를 만들어주는 듯한 순간이었다.
감격스러운 순간이었다.

운동

운동은 우리 몸을 건강하게 하고 스트레스를 감소시킨다.
몸이 건강해야 마음도 건강하다.

ccm

ccm 중에 좋은 노래가 많다.
내 영혼의 선물.

노력한 것만으로도 괜찮아

그 결과가 못나 보이더라도 그 아이의 노력을 치하해 주어라.

강아지

강아지를 키우면 기쁨이 커진다.
우리와 교감하는 생물이다.
한번 주인과 교감하면 절대 배신하지 않으며 사랑만 주는
강아지들에게 고마워하자.

기쁠 때의 내 모습 말고 슬픈 내 모습을 좋아해 줄 수 있니?

사람은 누구나 웃음의 가면을 쓴다. 웃는 인상을 보이고 힘든 걸 남한테 보이지 않기 위해서다. 슬픈 내 모습도 분명한 내 모습이다.

더 좋은 날이 오겠지-

기다림 끝에 좋은 날이 오겠지..

보석 같은 사람

모든 사람은 안 아픈 손가락 없이 모두가 세상에 태어난 축복이다.

어린 시절의 추억

어린 시절의 추억은 보배롭고 내가 떠올릴 수 있는 소중한 시간들이다.

충분해

넌 이미 충분한 사람이야~!

3

우린 1, 2에서 모든 사람이 고통이 있다는 사실을 알았다.

실천하기 위해서 무엇을 해야 할까?

나의 장점을 잘 아는 것

털털한 친구

이 유형은 친구들에게 인기가 많은 유형이다. 털털해서 쿨해 보이고 친구들과 오래간다.

직선적인 친구

쿨하다고 평을 받으며 하고 싶은 말은 그때그때 말해서 뒤끝이 없는 스타일이다.

인심 좋은 친구

떡이든 과자든 아낌없이 퍼주는 스타일이다. 인심이 푸짐하다.

웃긴 친구

뭔 얘기를 해도 웃기고 주위에 사람이 끊기지 않는 친구다.

리드하는 친구

리드하길 좋아하고 또 잘한다.
친구들끼리 있을 때 가운데가 어울리는 친구다.

왕따 탈출기

왕따를 탈출하기 위해선 우선 외형을 갖춰야 한다.
나 자신을 꾸미면 자존감은 올라가고 당당해질 것이다.
시키는 일을 다 해주다 보면 계속 그 일을 하게 될
것이다. 자기 의사 표현을 하는 것이 중요하다.

방관자

내 일이 아니라고 왕따를 대부분 지나친다. 관심을 가져보자.

좋아할 사람만 좋아하는 것

좋아할 사람만 좋아하는 건 쉽다. 남들이 싫어할 만한 사람들도 사랑해 보자.

업어 키우는 심정으로-

이타심은 최고의 감정이다.

우울증

우울증에 시달리는 사람들이 많다.
최근 경향은 우울증에 걸린 사람에게 편견을 주지 않는 추세다.
잘된 일이야–

밀당하다가 멀어져 버린 관계

밀당은 하는 건 즐거웠음에도 불구하고 자존심 때문에
관계가 멀어져 버렸다.
사랑을 맘대로 표현할 수 있다면 그이와 멀어지지 않았을
텐데.

타투한 남자

한 아이는 대학교 때 자기 문신을 너무 자랑하여 왕따를 당했는데 너무 과하게 자기과시를 하면 왕따를 당하기도 한다.

효도

부모님의 사랑은 끝이 없고 끝이 없다.

중병 환자

육체적으로 힘든 사람은 더 힘들다.
실제 고통 없는 약 개발이 언니의 연구팀에서 개발
중인데 누구나 고통 없는 세상이 빨리 도래했음 좋겠다.

세월호 대참사

세월호 대참사엔 학생을 구하려다 순직하신 교사 분들이 우리를 숙연하게 만든다. 자신을 희생하는 일은 누구나 할 수 없는 일이다.

꽃으로도 때리지 말라

꽃으로도 때리지 말라-는 명언이 있다. 신체적 학대는 몸에도 마음에도 상처를 낸다.

여성 학대

아직 여성이 남성보다 못한 존재라는 전통적 인식 때문에
여성이 맞고 있는 경우가 허다하다.

피씨방에서 만난 빵돌이

그 아이는 게임을 잘하는 아이였다.

짱

누군갈 때려서 우연히 짱이 된 아이는 기분이 좋다.
하지만 맞은 상대방은 수치스럽다구–!

‘나’

누구나 ‘나’를 사랑한다.
대부분의 사람들이 ‘나’에 심취해 있으며 나에게
몰두한다. 이타심이 필요하다.

기다림

시간 약속을 어기거나 지각하는 경우는 무례하다.
투자한 내 시간이 아깝다.

눈물

슬플 때 눈물을 흘리면 스트레스 해소가 된다.

친구 과시

과하게 자기의 화려한 인맥을 자랑하는 경우가 있는데
허울뿐인 인간관계가 되어서는 안 될 것이다.

득이 안 되는 친구는 버려라?

득이 안 되는 친구도 사람이다.

하루에 경적 클랙슨이 몇 번이나 울리는지 알아?

흥분을 가라앉혀 보자. 흥분을 하면 위험해지고 사고가
날 수도 있다.
안전 운전이 제일이다.

자유

난 내 입으로 내가 원하는 말을 할 권한이 있어-

평화

나에게 어둠이 잠식해 올 때 평화를 주세요-

윤동주

별 하나에 별, 별 하나에 사랑, 윤동주의 시에서 별을 센다.

윤동주 2

별 하나에 아픔, 별 하나에 고독, 또 윤동주의 시에서 별을 센다…

TV

TV에서 별을 센다… 유명하고 멋져 보이는 사람들은 신이 주신 듯 대단하다.

고통이 짙다

지금 글을 쓰는 이 와중에도 난 고통과 마주한다.

기도

영혼에 어두운 밤이 찾아올 때… 난 기도한다.

주눅

어깨 좀 펴! 당당해지란 말이야-!

인생 로또

대박을 바라고 기적만 바라는 친구들이 있다.

Yolo 족

현재 자신의 행복을 가장 중시하고 소비하는 태도란 뜻을
가진 사람들인데
건강한 의미에서 비롯된 것 같다.

내가 좋아하는 일

내가 좋아하는 일을 하는 게.. 마땅하지 않을까요?

융통성

융통성은 사회 생활할 때 어느 정도 필요하다.

회사의 쉬는 시간

회사에도 쉬는 시간이 길단 건 즐거운 일일 것이다. 백화점 일할 때에 출근 시간과 점심 시간, 점심 시간과 저녁 시간 사이에 티-타임이라고 쉬는 시간을 줬는데 공짜로 얻는 시간 같고 즐겼던 시간이었다.

왕따를 내 친구로

학창 시절에 한 왕따를 자신의 친구로 만들어 같이 다니던 친구가 있다.
그 친구에게 그는 목숨과도 같은 존재가 돼 있었다-

의외의 장점

무시받는 친구들에게서 의외의 장점을 발견할 때가 많다. 그림을 잘 그리거나 게임을 잘하거나 한다. 관심 갖고 지켜보면 모두가 잘났다.

학구열

내가 사는 도시 평촌만 해도 큰 학원가가 있는데 넓은 거리에 학원 간판들의 불빛들은 날 설레게 한다.
그 이면은 한국 학생들은 너무 많은 시간을 공부에 할애한다는 것이다.
자기가 하고 싶은 일을 하는데 충분한 시간이 할애되었음 하는 바람이다.

눈물 2

남의 눈에 눈물나게 하면 내 눈물에 피눈물이 나게 된다.

사이코패스

사이코패스도 교화될 수 있을까? 그렇다.
사이코패스 유영철도 목사님과 편지를 주고받으며
교화가 돼갔다.

큰 소리

'목소리 높은 자가 이긴다'라는 말이 있다. 아니다.
대화와 경청이 필요하다.

무시

무시받는 거 좋아하는 사람 못 봤다.

간사한 사람

이익과 실리 앞에서 간사해지는 사람들을 봤다.

어차피 한정돼 있는 물질 세계

뭐든 가질 수 있고 바로 원하는 걸 가질 수 있는 천국과
달리 지금 이 세상은 물질 세계이다. 영혼의 세계가 아닌
지금의 물질 세계에서 인간은 한계가 있다.
이 조그만 물질 세계에서 이기려고 바둥대지 말자.
어차피 죽으면 모든 것은 사라짐이다.

아쉬움

항상 뭔가 아쉽다. 천국은 완벽할 텐데

책을 써도 아쉽다. 글을 써도 아쉽다.

천국은 완벽할 텐데.

비욘세

비욘세의 영향력은 막강하다. 그의 말 한마디에 모든 사람이 바뀔 것도 같다.

식물

식물은 고마운 존재다. 약육강식에서 한자리 물러나 우리에게 교훈을 준다.
건강을 준다. 영양을 준다.

커피

커피를 마시며 친구들과 수다를 떠는 시간은 즐거운 위안이 된다.

목욕

목욕을 하면 몸이 이완이 되고 편안해진다.

자기 관리

자기 관리를 잘하는 사람은 존경을 자아낸다.

이심전심

콩 심은 데 콩 나고 팥 심은 데 팥 난다는 속담이 있다.
먼저 베풀기에 힘써라. 반드시 보답이 올 것이다.

천국 백성

천국의 문은 비좁지 않다.
지금부터 선행을 실천해 보자.

UFC

룰이 있는 UFC를 제외하고는 싸움은 보기 좋지 않다.

청소

청소를 잘하는 사람은 부지런하며 청소를 하고 나면 기분이 상쾌해지는 걸 느낄 수 있다!

자기 생각에만 매여 있는 사람들

시야를 넓힐 필요가 있다. 다양한 사람들의 얘기를 들어보고 존중할 필요가 있다.

낙관하기

낙관하기는 긍정적인 결과를 기대하는 것이며 정신 건강에 좋은 생각의 행위다.

의리

뉴욕의 한 11살 소녀가 물에 빠진 친구를 구하고 대신 죽었다.
11살짜리 소녀를 우린 배워야 될 것이다.

술, 담배

술, 담배는 우리의 정신을 흐리멍텅하게 하고 건강을 해친다.
우리를 실수하게 만든다.
적당한 조절이 필요하다.

주인 만난 사자

사자는 육식을 섭취하는 육식 동물이다.
사람한텐 위협적일 수 있고 물릴 수도 있는데 이러한
사자를 사랑으로 길들인 주인이 사자를 자연으로
돌려보낸 후 1년 후에 만났다. 사자는 주인을 알아봄과
동시에 키스를 해주었다.

충동적인 감정을 억제하자

너무 성격이 급하고 충동적인 사람이 있다.
이는 상대로 하여금 위협적이게 보이게 하고 범죄로
이어질 수도 있다.

오만함

오만방자한 행동은 범죄로 이어지기도 한다.
우리는 신 앞에서 무력하다.
신만이 전지전능하다.

수면

충분한 수면은 스트레스 받은 우리에게 휴식을 주고
안정된 기분을 준다.

내가 먼저-

상대가 먼저 나한테 잘 보여야 내가 잘해 준다는 심보가
있다.
내가 먼저 잘해 주자.

아픈데 조금 쉴래?

일하면서 우리 모두 지치고 힘들 경우가 있다.
이런 격려를 해준다면 상대가 고마운 감정을 느끼게 될 것이다.

손해보더라도-

손해보더라도 남한테 나를 내어줘 보자.

누구나 참고 산다

서로가 대단한 존재임을...

박애주의

모든 사람을 사랑하다.

인간관계

정말 많은 사람들이 인간관계에서 스트레스를 받는다.
인간관계는 삶의 의미에서 큰 자리를 차지한다. 좋은 사람을 만나는 건 큰 축복이다.
우리는 다른 사람들에게서 정을 먹고 사랑을 먹으며 살아간다.
사람한테 받은 상처는 사람으로 치유가 되기도 한다.
우리가 늘상 하는 고민 중의 대다수가 인간관계에 대한 고민이다.

관종

관종을 나쁘지 않게 생각한다. 튀고 싶다면 튀어보자.

고독

인간으로 태어나 사랑받지 못한다는 건 고독스러운 일일 것이다.
사랑을 나눠줌을 실천해 보자.

성

성 애기를 자유스럽게 얘기하는 미국을 보면 부럽다.

완벽함

모든 인간은 완벽하지 않다.

성격

이미 고착된 성격은 고치기 힘든 경우가 대부분이다.
시간이 주어진다면 가능하다.

지금보다 나아지는 일에 동참하자

분명, 지금보다 나아질 것이다.

원망

우리를 너무 사랑하여서 자유 의지를 주셨지만 세상을 이렇게 내버려둔 하나님을 원망해 본 적이 있다.

let it flow

학창 시절에 일종의 내 모토였는데 그냥 흘러가게 내버려두란 뜻이다.

롤-모델

우린 꼭 누군가를 보고 모방하고 답습한다. 위대한 사람을 롤모델로 삼아야겠다.

구제불능

세상에 구제불능은 없다.
모두 개선 여지가 있다.

'남'이란 개념

'남'이란 개념 때문에 우린 냉정해지곤 한다. 득될 거 없다는 사고다.
좀 더 가까운 의미가 있었음 좋겠다.

이유 없이 좋다

내가 널 좋아하는 덴 그냥 이유가 없이 좋다.

우기기 선수

자기가 틀렸는데도 우기길 좋아하는 사람이 있다.
자기 약점을 들키지 않기 위해서다.

합리화

자신의 그릇된 논리를 합리화하는 사람이 있다.
똑같이 자기 약점을 들키지 않기 위해서 하는 행동이다.

성경

성경은 인류 역사상 가장 위대하고 지혜로운 책이다.

힘이 닿는 데까지

힘이 닿는 데까지 우린 실천해야 한다.

기죽이는 말

사람들을 기죽이는 말이 있다.
상대로 하여금 위축되고 자존감이 떨어지게 하는 말이다.

고마움을 모르는 사람

고마움을 모르고 도리어 이용하는 사람이 있다.
'자기애'에서 비롯된다. 선뜻 상대방이 고마워할 만한 일을 했는데 그걸 당연히 생각하는 사람이 있다. 참 진이 빠지는 일이다.

여성시대

현대사회는 여성의 지위가 올라갔다.
남성에게 밀리지 않는 지금의 모습은 위대해 보인다.

발전의 끝

근 100년간 기술의 발전으로 발전은 끝이 없어 보였다.
서로의 마음을 챙겨주는 사랑의 시대의 도립은 21세기의
최종 목표가 아닐까 싶다.

거절

거절은 누구나 상처받는 대목이다.
상대방의 마음을 신경 써서 예우를 갖춰준다면 거절받는 기분이 좀 나아지겠다.

안전하고 싶은 욕구

사람은 누구나 안전하고 싶은 욕구가 있다.

말 없는 아이

말 없고 존재감 없는 아이가 끼를 발산할 수 있다.

오글거리는 말

쑥스러워서 친구나 가족한테 좋은 말을 해주고 싶은데
못하는 경우가 있다.
오글거리더라도 용기내어 말해 보자.

나한테도 일어날 수 있다

나한테는 일어나지 않을 일이라며 안심하지 말고
나에게도 일어날 수 있다고 생각하며 피해자와 공감하며
위로해 주자.

너는 더 이상 혼자가 아니야

우리 모두가 너를 도와줄게.
외로워하지 마.

의지하고 싶다

이 책으로 인해 사람들과 더욱 함께 의지하고 싶다.

손에 손이 닿을 때

필자는 버스를 타고 내릴 때 긴 봉으로 된 손잡이를 잡는다. 가끔 다른 승객과 손이 스칠 때가 있는데 어떤 분들은 손이 닿아도 피하지 않고 내 손이 닿은 채로 손잡이를 잡는데 그때 서로의 체온이 느껴지는 순간을 좋아한다.

이해심

필자는 이해심이 넓은 친구를 좋아한다.

외국인 노동자

최근 국제 결혼과 외국인의 잦은 TV 노출로 인해 외국인 노동자에 대한 인식이 좋아졌다.
좋은 일이다.

어른스러운 아이

어른스러운 아이는 큰 메리트다. 유치한 일에 휘말리지 않고 지혜롭게 행동한다.

애국심

한국인으로 태어난 걸 자랑스럽게 생각한다.

자유

고통으로부터의 해방이 진정한 자유라 생각한다.

공평

하나님은 결국 공평한 걸 사랑하시는 분이다.

생각

사람들의 생각은 신기하다. 한 사람 한 사람 아이디어가 모여 지금의 거룩한 발전을 이뤄냈다.

배려

배려심 깊은 아이들을 사랑한다.

눈치

회사에서나 사람 관계에서나 눈치 보기 급급하다. 좀 더 자유롭길 원한다.

고민

고민하는 우린 아름답다. 피와 땀과 열정 고민과 고뇌의 흔적은 우리 모두가 위대하단 생각을 들게 만들어준다.

끈기와 인내

끈기와 인내란 말을 어릴 땐 싫어했다.
커서 보니 참 아름다운 말인 거 같다.

가시

가시 돋힌 말은 마음을 아프게 한다.

시골

한적한 시골에 사는 게 꿈일 때가 있다.
복잡한 도시를 벗어나 시골에 놀러 가서 좋은 영감을
받자!

쓴소리

쓴소리를 커피 잔처럼 마시자.
내게 득이 될 수 있다!

네 이름 석 자

네 이름 석 자가 자랑스러워. 기대돼. 축하해.

너나 나나 똑같다

너나 나나 똑같다. 누구나 동등하다.
어린 시절처럼 말이다. 누구나 공평하다.

나느님

모두가 '나' 자신을 '나느님'이라 칭해도 좋다.
고생한 나에 대한 황송하지만 애교 섞인 표현이다.

허파에 바람 난 듯 웃어라

웃음은 보약이다.

거울

거울을 보고 내 자신을 칭찬해 보자. 넌 잘하고 있어!
최고야! 파이팅!

삶이 힘들 때 위로가 되는 책이 되길…